Die Idee eines wahrhaft guten Lebens

*Ich widme dieses Buch einer Landschaft,
in der ich es zusammenfügen konnte:
Son Macia, auf Mallorca*

Die Idee
eines wahrhaft guten Lebens

Von Augenblick zu Augenblick leben

Werner E. Aufermann

Bibliografische Information der Deutschen Nationalbibliothek
Die Deutsche Nationalbibliothek verzeichnet diese Publikation
in der Deutschen Nationalbibliografie; detaillierte bibliografische
Daten sind im Internet über http://dnb.d-nb.de abrufbar.

© 2008 Werner Erich Aufermann
Satz, Umschlaggestaltung, Herstellung und Verlag:
Books on Demand GmbH, Norderstedt
ISBN 978-3-8370-4896-4

Der Sinn,
den man seinem Leben gibt,
gleicht einer Brücke
über einen Abgrund,
die es noch gar nicht gibt –
und die sich in dem
Augenblick *bildet,*
in dem man
den ersten Schritt
auf ihr zu tun wagt.

(Manés Sperber)

Inhaltsverzeichnis

Motto

In der von mir, im Unterricht wie in der Lebenspraxis, anvisierten Daseinsweise leben – ich nenne sie die *philosophisch-meditative-pragmatische Daseinsweise* – heißt:

Von Augenblick zu Augenblick leben,

unvermittelt und unmittelbar im Hier und Heute: ohne hemmende Bindung an die Vergangenheit und die persönliche Geschichte, ohne so genanntes Wissen, d. h. ohne Meinungen, Geschwätz, Worthülsen, Vielwisserei und Besserwisserei, ohne Gewohnheiten und ohne überkommene Lebensanschauung, Weltanschauung und Ideologie leben.

Einleitung:
Die Idee eines wahrhaft guten Lebens …

Die Frage nach einem wahrhaft guten, gelungenen, erfüllenden, sinnvoll-intelligenten, glücklichen Leben stellt sich dem die Weisheit Liebenden, wenn er die völlig verblödete Menschenmenge beobachtet, mit der er leben muss.

Wenn er die Indoktrination und Manipulation der Menschenmassen durch die gefährlichen »Krebsgeschwüre« und ihrer Metastasen: die Politik, die Religionen, die Industrie, Wirtschaft, Wissenschaft, Technologie, die Massenmedien, die Werbung und die Freizeit-, Vergnügungs- und Zerstreuungsorganisation, sieht, dann weiß er, dass er – im Sinne der Weisheit – handeln muss, für sich ganz alleine etwas tun muss. Denn es gibt kaum Verbündete auf dem Schlachtfeld dieser ungeheuerlichen, menschheitsweiten Dummheit und Verblendung, ja! – diesem Wahn!

Was sich hier, in der so genannten Öffentlichkeit abspielt, dargestellt, Hand in Hand, von den Heuchlern der Politik, der Massenmedien und der »Kulturindustrie«, ist eine Farce, wie sie nicht schlimmer sein kann.

Das wissenschaftlich-technologisch-industrielle Einparteiensystem der verwalteten und bevormundeten Menschheit, schafft durch die Massenmedien eine »Gehirnwäsche«, in der in großartigem Ausmaß der Ersatz eines »Selbstbewusstseins« erzeugt wird (»Bild dir deine Meinung …«), das gerade diese Kraft nicht hat, die es brauchte, um in kritischer Reflexion und Selbstbesinnung die Absicht der Hirnwäscher zu erforschen.

Aber da sind wir schon mitten in dem Problemkreis, dem meine Überlegungen dienen. Und ich will nichts übereilen, sondern der Reihe nach gehen.

Dem Zugriff des wissenschaftlich-technologisch-industriellen Einparteiensystems auf das Massendasein steht eine ethisch-moralkritische Konzeption gegenüber, die Methoden zu ersinnen hat, die den Massen denkende Alternativen erlauben und im philosophisch-meditativ-pragmatischen Erziehungsprozess dahin führen, dieses Alternativdenken (was nicht zu verwechseln ist mit dem »Denken« der »Alternativen«) auch lebenspraktisch zu benutzen: Die Aufdeckung der Selbsttäuschung, die Stärkung der kritischen Reflexion und der kritischen Selbstbesinnung über die von den jeweiligen aktiven Machtgebilden geförderte Identifikation der Menschenmassen mit präformierten Idolen und als »wertvoll« erklärten Verhaltensweisen.

Was sollen wir tun?

Jeden Menschen, der seine Umwelt kritisch prüfend hinterfragt, müsste leidenschaftlich die subtile Analyse der Zusammenhänge interessieren, so dass sein Dasein unter dem Stern von Kontemplation und Besonnenheit stünde. Wir sollten, hatte Heinrich von Kleist gesagt, nachdem wir das Paradies verloren haben, noch einmal vom Baum der Erkenntnis essen.

Es gibt drei Möglichkeiten, sein Dasein einzurichten:

Man kann konsequent stringent zielorientiert leben und seine eigene Autonomie und Autarkie soweit wie möglich nutzen, erstens.

Man kann sich von den Mächten dieser Welt lenken lassen, also weitgehend fremdbestimmt leben, geschehe das nun »bewusst« oder »unbewusst«, zweitens.

Oder man kann, drittens, noch einmal vom Baum der Erkenntnis essen, und das heißt: »Bei allen wichtigen Verrichtungen im Leben müssen wir einen Sprung ins Dunkle wagen …
Entschließen wir uns, die Rätsel unbeantwortet zu lassen, so ist dies eine Wahl; schwanken wir in unserer Antwort, so ist auch dies eine Wahl: aber welche Wahl wir auch treffen, wir tun es auf unsere Gefahr. … Jeder muss handeln, wie er es für das Beste hält; …

Wir stehen auf einem Gebirgspass mitten in wirbelndem Schnee und blendendem Nebel, durch den wir dann und wann einen flüchtigen Blick erhaschen auf Pfade, die vielleicht trügerisch sind. Bleiben wir stehen, so erfrieren wir. Schlagen wir einen falschen Weg ein, so werden wir zerschmettert. Wir wissen nicht sicher, ob es überhaupt einen rechten Weg gibt. Was sollen wir tun? Stark und guten Mutes sein! Zum Besten handeln, das Beste hoffen und nehmen was kommt! …

Wenn der Tod allem ein Ende macht, so können wir ihm nicht besser entgegengehen!«
[James, William, Der Wille zum Glauben. Zit. Von Fitz-James Stephen, in Texte der Philosophie des Pragmatismus, Stuttgart (Philipp Reclam jun.) 1975, S. 157f.]

Es geht um eine *Grundbefindlichkeit*, die wir üben können und üben müssen. Und die uns weder durch innere noch durch äußere Imponderabilien genommen werden kann.

Selbsterkenntnis

Selbsterkenntnis – was ist nicht alles schon darüber gesagt und geschrieben worden. Offensichtlich hat alles nicht viel genützt. Nach wie vor laufen die Menschen ohne Selbst- und Fremderkenntnis, blöd, durch die Gegend und richten deshalb viel Schaden an.

»Gnóthi seautón!« rief Apollon, der delphische Gott, den Menschen zu: »Erkenne dich selbst!« Aber was meinte der delphische Gott damit? Meinte er etwas Persönliches? Nein! Er meinte etwas Menschliches. Nämlich – erkenne, dass du ein Mensch bist! Und Mensch zu sein, das bedeutet hier aus »Göttlicher« Sicht, einzusehen, das Mensch sein bedeutet, ein Wesen zu sein, dessen Leben durch den Tod begrenzt ist; und das wahrhafte Lebenskunst, ars vivendi, ars moriendi bedeutet, nämlich, die Kunst zu sterben.

Sieh jeden Tag als ein volles und ganzes Leben an! Vergeude keine Zeit für Nichtigkeiten! Lerne, das Wesentliche vom Unwesentlichen (eben den »Nichtigkeiten«) zu trennen! Hüte dich vor Zeitdieben!

Stirb jeden Abend und werde jeden Morgen neu geboren! Nutze den Tag – »carpe diem!« Nutze die Gelegenheit, den Augenblick, der einmal nur sich bietet!

Die antike Humanitätsidee des »Erkenne-dich-selbst!« ist eine eindringliche Warnung, die unüberschreitbaren Grenzen des Menschlichen zu beachten. Dazu gehört die ebenfalls knappe Warnung: »Medén ágan!«, »Nichts im Übermaß!« Auch diese Warnung oder Ermahnung zielt auf das Grundmenschliche, nämlich das Maß, das Menschenmaß zu wahren.

Wenn einem zu allen Gütern des Lebens zuletzt noch ein gutes Ende des Lebens zuteil wird, dann verdient man, glücklich genannt zu werden. Doch bevor jemand dieses Ende erreicht hat, müssen wir unser Urteil zurückhalten.

Man muss bei jeder Angelegenheit, bei jedem Unternehmen auf das Ende sehen. Oft wird Glück vorgegaukelt, während das Ende vernichtend sein mag.
In dem Aufruf ist enthalten, dass es im Menschenleben keine Sicherheit gibt. Dass unser aller Leben fortwährend »auf des Messers Schneide« steht. Und dass es unter diesen Gesichtspunkten widersinnig erscheint, dass ein Mensch einen anderen vernichtet oder ihm auch nur etwas Unschönes, Ungutes antut.

Bei wahrhafter Einsicht in das »Erkenne-dich-selbst« entsteht eine spezifisch »menschliche« (humanistische) Solidarität gegenüber dem Unberechenbaren, dem alle Menschen in gleicher Weise ausgesetzt sind.
Wir alle sind nun einmal Menschen und sollten nichts Menschliches als fremd erachten: »Homo sum, nihil humani a me alienum puto«.

»Menschliche« Erziehung – und das sollte per se »Philosophie als Lebenskunst« sein: das wäre Erziehung unter dem Zeichen des »Erkenne-dich-selbst!«, Erziehung in dem Bewusstsein der eigenen Fehlbarkeit und Unzulänglichkeit und nicht zuletzt der eigenen Sterblichkeit.

Erkenne dich selbst, erkenne, dass du dein eigenes Ziel bist und dein eigenes Ziel in dir hast. Und wenn du etwas sein willst, dann bist du es nur für dich und nur in diesem Leben, hier und jetzt – »hic et nunc«.

Vom Philosophie-Studium

Das Studium der Philosophie ist im gleichen Maße Selbst-Erforschung wie es Wesens-Bestimmung und -Verwirklichung ist sowie Erforschung und Bestimmung des Gattungswesens Mensch und seiner Verwirklichung, also des: *Homo humanus*, d.i. der *ganz* Mensch gewordene Mensch. Im gleichen Maße wie Philosophie absolute Gegenwärtigkeit (Sanskrit: Sattipathana) ist, beinhaltet sie alles Vergangene und ist sie zukunftsorientiert im Sinne einer konkreten, humanistischen Utopie. Dadurch, dass der wahrhaft Philosophierende das im Studium und in der Selbst-Erforschung Erkannte in seinem eigenen alltäglichen Dasein ernsthaft zu realisieren trachtet, nimmt er die Utopie als Lebens-Praxis vorweg.

Philosophie ist nicht die Entfaltung schwieriger Denk-Systeme, sondern sollte in Theorie und Praxis auf das Wesentliche dessen abzielen, was Menschsein überhaupt ist. Sie sollte den Philosophierenden öffnen für das ihn Übersteigende, das auch intersubjektiv vermittelbar sein sollte; also gleichsam mitteilbare Mystik. So lebt der wahrhaft Philosophierende ein überweltliches meditatives Leben in der Welt.

Im Philosophieren wollen wir das Unbedingte, Eigentliche, Wesentliche im tatsächlichen Leben real werden lassen. Ein Mensch ist erst *ganz* Mensch, wenn er philosophiert. Und das wiederum heißt, nach Ursprung, Gegenwart und Zukunft des Menschen fragen. Wahres Philosophieren erfordert ein Studium, das folgende Hauptteile umfasst:

Erstens: Die Geschichte der Philosophie. Hierzu gehört das Studium großer Philosophen und die Menschheitsgeschichte bestimmender Denkströmungen. Aber das Studium der Werke beinhaltet mehr als nur ein formales Lektürestudium; es beinhaltet das Lesen »zwischen« den Zeilen, so dass man gleichsam noch einmal dabei ist, während sich große Philosophie und philosophische Einsicht entfaltet und wirkt. Man philosophiert gleichsam lebendig gegenwärtig mit. Man *ist* gleichsam der Philosoph, den man studiert.

Zweitens: Das Aneignen der Methodologie wissenschaftlicher Forschung. Methodenlehre hat ihren Ursprung in den Natur- und Geisteswissenschaften und in der Philologie. Wichtig ist die Hermeneutik. Durch Auseinandersetzen mit den Wissenschaften und ihren Methoden, insbesondere jenen Wissenschaften, die sich mit dem Menschen und seinem Verhalten und Handeln beschäftigen, die man jedoch jenseits von sog. Schulstreitigkeiten zu studieren hat, wird man zu kritischem Denken und wissenschaftlicher Redlichkeit erzogen, die conditio sine qua non für die Wahrhaftigkeit des Philosophierens überhaupt sind.

Drittens: Die persönliche Lebensführung. Es ist eine unerlässliche Voraussetzung, dass das alltägliche Verhalten und Handeln und Trachten nicht in einem eklatanten Widerspruch zu den eigenen philosophischen Erkenntnissen stehen darf. Das heißt, der wahrhaft Philosophierende muss klare sittlich-pragmatische Entscheidungen treffen, die seiner philosophischen Erkenntnis und den immer in diesem Zusammenhang stehenden Erfahrungen und Erlebnissen entsprechen. Ganz besonders beim

Philosophierenden sollte die Handlung, die Tat nicht von Erkenntnis, Erlebnis und Erfahrung getrennt sein, wie das so oft bei Wissenschaftlern, Gelehrten und Alltagsmenschen der Fall ist. Der Philosophierende muss gewissermaßen voll und ganz geradestehen für das, was er denkt, sagt und tut. Der Philosophierende erzieht sich in diesem Sinne gleichsam selbst zur *Mündigkeit*, die wiederum ein Wesensmerkmal der Philosophie und des Philosophen bzw. des Philosophierenden ist.

Keiner dieser drei Wege darf vernachlässigt oder versäumt werden. Und so widmet man sich einer bestimmten Wissenschaft oder mehrerer Wissenschaften oder Gedankengebäuden, für die man ein starkes Interesse spürt. Und man fragt sich, welchen großen Wissenschaftler, Philosophen, Heiligen, Weisen, Mystiker will ich für mich ganz persönlich entdecken? Und nicht zuletzt hat sich der ernsthaft Philosophierende zu fragen, *wie will ich mein Leben führen*?

Und so gilt, zwar müssen wir uns entscheiden und zugreifen, das erfordert die objektive Realität. Aber wir dürfen uns nicht festrennen, nicht fixieren. Offenheit, Gelassenheit und Besonnenheit ist unabdingbar für wahres, existentiell-pragmatisches Philosophieren, aber auch für wissenschaftliche Redlichkeit. Andererseits ist diese Einstellung nicht gleichbedeutend mit einem Sichgehenlassen. Konsequente Arbeit an sich selbst und am Studienstoff ist Grundlebensmaxime des Philosophierenden.

Anleitung zur philosophisch-meditativen Lebensweise

Weisheit, »sapientia«, *leuchtet* nur dem wahrhaft Schauenden, »gnosis«, dem Seher, »rishi« dem Meditierenden ein. Das lateinische Wort Meditation hat drei Bedeutungen, die das Ganze der philosophisch-meditativen Lebensweise umfassen:

Erstens, das radikale, fundamentale Nachdenken über einen problematischen Vorgang oder Zusammenhang, über Beziehungen des Lebens und des Universums überhaupt.

Zweitens, eine sinnend-schauende Betrachtung, etwa in der tiefen inneren Versenkung *in* die Natur und Naturereignisse oder in einen Gegenstand, bis dass die Charaktere von »Subjekt« und »Objekt« ihre abgrenzenden Konturen verlieren, ineinander fließen, sich durchdringen, ja – eins werden.

Drittens, die Bedeutung tiefer religiöser Versenkung, wobei das Wort »religiös« nicht etwa eine bestimmte »Schule« der Religion meint, sondern ein geistig-geistliches In-Kontakt-Kommen mit der Unendlichkeit, dem Unaussprechlichen, dem Ur-Grund, der universalen schöpferischen UR-KRAFT des GROSSEN LEBENS überhaupt, die sowohl als immanent als auch als transzendent erfahren wird.

So kann man sogleich sehen, dass Philosophie und Lebensweisheit, Meditation und Lebenskunst in der praktischen Lebensführung nicht voneinander getrennt sind oder voneinander getrennt betrachtet werden sollten.

Es ist also gut, wenn eine Anleitung zur philosophisch-meditativen Lebensweise als praktische Wissenschaft vom Menschen zur Lebensweisheit führt, so dass die philosophierende Besinnung von den theoretischen Erwägungen *über* das Leben zu einem verständig *gelebten* Leben im Alltag fortschreitet.

Alles in allem geht es letztlich um das wahrhaft GUTE Leben, wie es Sokrates, Platon und Epikur sahen, um nur einige zu nennen, das nicht aus einer Reihe von Festgelagen, Völlerei, Trunk, sich jagenden Vergnügungen und Zerstreuungen besteht, sondern um wahrhaft einsichtiges, vernünftiges Handeln in privaten wie öffentlichen Belangen und um eine ausgewogene, gesund-harmonische Daseinsorientierung und -gestaltung. Die Weisheit des rechten Maßes jedoch zu dieser Daseinsgestaltung erschließt sich aber nur dem Meditierenden, demjenigen, der trotz des Trubels der Welt *zur Ruhe kommt*, um sich in der sinnlich-verweilenden Aufnahme der Realität und Wirklichkeit zu orientieren und den Versuch unternimmt, in die geistig-seelischen Gründe der Welt und seines wahren Selbst einzudringen. Hier haben wir den Nexus vor uns, den ein altes Wort mit: *Selbst-Verwirklichung* bezeichnet.

Philosophieren, meditieren und wahrhaft menschlich leben sind eins. Einfach so dahinleben ist vegetieren. Jedoch sind Menschen nun mal keine Bäume. Und so kommt derjenige, der sein Leben *wirklich meistern* will, ganz von selbst – oder eben durch den Meister der Lebenskunst, der ihn anleitet – darauf, sich um den oft sehr tief verborgenen Sinn des Lebens zu bemühen. Und damit ist er auch schon mitten darin, in der philosophisch-meditativen Lebensweise, die ihn nun veranlasst, sein eigenes Wesen, aber auch das der anderen Menschen und der Welt überhaupt zu: er*gründen*. Er bemüht sich nun redlich, sich in seinem Dasein wahrhaft vernünftig zu orientieren, wodurch er zu einer Schau der Welt gelangt – Welt-Anschauung –, die etwas ganz anderes ist, als eine »Meinung« *von* der Welt zu haben –, mit deren Hilfe, Anweisung und Aufforderungscharakter er letztlich auch die Angelegenheiten des Alltags mit seinen Sorgen, Nöten, Problemen, Hadereien und Zänkereien *meistern* lernt.

Gerade durch die Übung der Versenkung wird man aber auch hier genügsam. Man lernt, sowohl auf dem Gipfel der (Selbst-)Erkenntnis als auch im Tal der Zweifel und Hoffnungslosigkeit wahrhaftig zu leben. Es reicht zu Anfang, wenn der Blick im ganzen ein wenig klarer wird für die Höhen und Tiefen dessen, was wir »menschliche Natur« nennen, für die Rätsel der Erde und des Universums und die seltsamen »Irrwege«, die das Leben oft geht – um an ein »Ziel« zu kommen? Und dieser Anfang, dieser »erste Schritt«, mag der immerwährende Schritt des Meditierenden sein.

Ein »Macher«, der in der Unrast des Alltags, die die meisten von uns heimsucht, dahinvegetiert, ohne Unterbrechung von einem »Geschäft« zum nächsten hetzend, kann nicht philosophieren und nicht meditieren. Zwar verdient er Geld, vielleicht sogar viel Geld, aber er findet nicht *den Sinn des Lebens*, seinen ganz persönlichen Daseinssinn, der sich nur dem Zur-Ruhe-Kommenden eröffnet. Deshalb ist es gut und nützlich, sich einmal am Tag, besser jedoch zwei- bis dreimal, meditative Zeit für sich selbst zu nehmen: für die Innenschau, für die Erkenntnis seines eigenen wahren Selbst, seiner *Eigen*-Natur, »Syneidesis«, dem tiefenpsychologischen »Gewissen«, dem »inneren Lenker«, dem »Richter«, dem »inneren Ratgeber«. Gleichzeitig löst jenes Zur-Ruhe-Kommen, jene Einkehr in die heilende Stille die organischen und geistig-seelischen Verspannungen, die zu Erkrankungen aller möglichen Art führen.

Wer hektisch – »bewusstlos« – von einem Tun zum anderen jagt, von einer »Unterhaltung« zur nächsten, der kommt nicht zum Staunen über die Merkwürdigkeiten der Menschen, der Natur und des Universums. So lebt er am wahren Leben vorbei, weder eingedenk der Tatsache seiner fundamentalen Unwissenheit, noch fähig der Kritik der reinen Vernunft, der Kritik der praktischen Vernunft und der Kritik der Urteilskraft. Alle drei aber: das *Staunen* – über die Geheimnisse, Schönheiten und Schrecknisse der Welt, die Einsicht in die fundamentale persönliche *Unwissenheit* und das unterscheidende Denken der Kritik, das von der Analyse zur Synthese fortschreitet und von der Differenzierung zur Integration, sind der Anfang des Philosophierens und die Möglichkeitsbedingung zur philosophisch-meditativen Lebensweise oder Lebensführung.

Die philosophisch-meditative Lebensweise möchte Weisheit, Wissenschaft und Lebenskunst (und Lebensklugheit), Daseinsorientierung und -gestaltung miteinander vereinen.
Philosophie ist Liebe zur Vollkommenheit, die Schönheit und Güte ist. Sie findet ihren Ausdruck in harmonisch

vollendeter Natur-Ästhetik. Um zur Vollkommenheit fortzuschreiten, ist wahres Wissen notwendig. Wahres Wissen unterscheidet sich von falschem Wissen dadurch, dass es nicht plumpe Anhäufung von Fakten und Fertigkeiten ist, sondern tatsächlich klug und tauglich für das alltägliche Leben macht, durch das fortwährend und bei allem Tun jenes philosophische Streben hindurchschimmert, das den »roten Faden« der subjektiv gelebten Existenz bildet.

Gelebte Philosophie ist unermüdliches, *selbst-erkenntliches* Streben nach dieser – nie ganz gewussten und erreichten – Vollkommenheit, die die tiefe Unruhe und Sehnsucht des Philosophierenden stillen soll, aus der die Lebensweisheit erwächst, die das Wahre und Gerechte, das GUTE aus der universalen schöpferischen Freiheit der kosmischen Ordnung zu erkennen trachtet.

Im Vollzug der philosophisch-meditativen Lebensweise, die einerseits Versenkung in das Geheimnis des einen Ganzen von Mensch, Natur und Universum ist, zum anderen praktisch tätiger, unermüdlicher Erwerb wahren – psychosomatischen – Wissens, um dem Geheimnis des alles verbindenden Musters von Körper, Geist und Seele, der GROSSEN NATUR und der EIGEN-NATUR auf die Spur zu kommen, gelangt der wahrhaft Philosophierende zum Anteil an der kosmischen Ordnung und Harmonie, die sich in seiner persönlichen Annäherung an das Ziel des wahren Menschtums (»humanitas«) und der Selbst-Verwirklichung (»homo humanus«) des Gattungswesens offenbart.

Ein Mensch fällt heraus aus dieser Harmonie, dieser Ordnung und kommt ab vom WEG – Selbst-Verwirklichung –

und verfehlt seine Bestimmung: GANZ MENSCH zu werden, in dem Maße, in dem er die Grundbedingungen der ewigen Philosophie in Gedanken, Worten und Werken, in Körper, Rede und Geist außer acht lässt bzw. verfehlt: Wahrheit, Gerechtigkeit, Schönheit und Güte; Aufklärung, Vernunft, Wissenschaft und Weisheit; Streben nach und Glaube an Vollkommenheit.

Diese wahre, einzige und ewige Philosophie, die sich in der philosophisch-meditativen Lebensweise pragmatisch (d.h. verhaltens- und handlungsmäßig) niederschlägt, will selbstverständlich – auch – des Menschen wahre und ganze Gesundheit; sowohl als Ideal – sonst wäre es nicht Gesundheit aus philosophischer Sicht – als auch als Realität und *Wirk*lichkeit im alltäglichen Leben. Deshalb ist Philosophie – und sie will es in der Tat auch sein – immer auch Anleitung, d.h. Erziehung zur Lebenskunst. Und Lebenskunst kann wiederum nur im harmonisch-sinnvollen Streben nach wahrer Gesundheit von Körper, Geist, Seele und Umgebung liegen. Durch die philosophisch-meditative Lebensweise gelangen wir zu der (Selbst-)Erkenntnis, dass Philosophieren, Leben und die Suche nach wahrer, dauerhafter Gesundheit die fundamentale Frage der persönlichen Existenz überhaupt ist: letzten Endes also die Kardinalfrage und das zu lösende Existential-Problem der *Selbst-Verwirklichung*.

Wenn wir in das Wesen der Philosophie als Lebenskunst eindringen wollen, dann ist es gut, wenn wir uns ein Bild von Lebensklugheit und Lebensweisheit der großen Philosophen und Weisen der Antike malen; und das heißt, jene Menschen in ihrer Lebenspraxis beobachten, die als weise und klug bekannt sind. Da fällt zunächst einmal auf, dass sie Selbstbeherrschung im täglichen Dasein üben, »sophrosyne«, ohne jedoch gleich als »Asketen« verschrien zu sein. Hinter dieser Selbstbeherrschung steckt das Wissen um die grundlegende Idee des Guten, des Strebens nach Vollkommenheit, um die Selbst-Verwirklichung, um die Ein-Sicht in das wahre Wesen der Dinge.

Platon hat dieses philosophische Ordnungsbild in seinem Hauptwerk vom »Staat« in Worte gekleidet, die ich gerne zitieren möchte:

»Unter dem Erkennbaren ist das letzte die Idee des Guten. Sie ist kaum zu sehen. Aber wer sie einmal geschaut hat, kann erschließen, dass sie für alle die Ursache alles Rechten und Schönen ist, im Sichtbaren das Licht und seinen Herrn gebärend, im Denkbaren aber selbst als Herrin, Wahrheit und Geist verleihend. Wer einsichtig handeln soll als Einzelner und im Staat, der muss sie sehen.«

In der Grundlage aber der Idee des Guten, erkennen wir Erfahrungsreife und Erfahrungstiefe wieder, eine gleichsam instinktiv-intuitive natürliche Weisheit in Form eines ausgeprägten psycho-biologischen Gewissens, das sich jenseits allen formalen Wissens und aller Bücherwisserei äußert. In diesem Bild erscheint uns der Weise, der wahre Philosoph, weitblickend und einsichtig, teilhabend am GROSSEN WISSEN des Universums oder es erahnend, unerschütterlich – wie ein Fels in der Brandung, aber auch weich, flexibel und anpassungsfähig, ohne durch konformistische Pseudo-Anpassung seine Gesundheit aufs Spiel zu setzen, wie ein Stück Holz auf den sprudelnden Wellen eines Gießbachs, jeder schwierigen Lebenslage gewachsen.

Bedürfnislosigkeit und gleichmütige Gelassenheit sind fundamentale Merkwürdigkeiten des wahren Philosophen, des Weisen, Meeresstille des Gemüts angesichts des ewigen Auf und Ab, der Wechselfälle des Lebens, in der Unwägbarkeit des unvollendeten Einzelschicksals. Anfangs stellte ich *drei Formen der Meditation* vor, die auf DEM WEG der philosophisch-meditativen Lebensweise zu üben sind. Nun stelle ich abschließend ihnen *drei Übungen zur Weisheit* an die Seite: *Weisheit als unermüdliches Streben nach wahrem Wissen* im Sinne allumfassender Welt-Wissenschaft (Buddha, Sokrates, Platon, Descartes, Kant). *Weisheit als Anthropologie in pragmatischer Hinsicht*, also als praktisch-sittliche Wissenschaft zur Welt- und Daseinsbewältigung. Und *Weisheit als Weltdeutung*, einerseits im Sinne der Einordnung des Menschen in den Kreislauf der Natur und seiner Stellung in der Welt überhaupt, andererseits als Eindringen in den Ur-Grund, in das »Verstehen« der Existenz, in das sorgsame Beachten, »religare«, der kosmischen Harmonie, von der wir ein Teil sind und an der wir teilhaben können, die nicht durch Worte gestört werden darf (»Mystik«, von griech.: »myein« – schweigen, psst, Finger vor den Mund) und nicht Unwürdigen eröffnet werden sollte.

Meditation ist die Vereinigung von Herz, Geist und Gemüt

Die Menschen beten den Intellekt an und wollen herzlich sein. Das ist ein unauflöslicher Widerspruch. Wir können die Wirkung der intellektuellen Aktivität überall in der Welt sehen. Wir sehen die Verzweiflung und Hoffnungslosigkeit der Menschen. Ab und zu machen wir Veranstaltungen, um zu zeigen, dass wir auch Gefühle haben.

Der Intellekt (muss) vergleichen, bewerten, einordnen. Aber dadurch kann man die Schönheit des Lebens nicht »sehen«. Alles, was man kultivieren kann ist nicht Schönheit, ist nicht Liebe. Kultivierung ist eine Denkleistung. Und das Denken trennt. Nichts gegen das Denken. Im Alltag ist es nötig. Dann aber gezielt, exakt, ohne Schnörkel, aufrichtig und ohne Ranküne. Liebe, Schönheit, Glück und Harmonie ist damit jedoch nicht zu erreichen.

Man kann diese beiden Bereiche nicht überbrücken oder sie für einen nützlichen Zweck vereinigen. Viele versuchen, Herz, Geist und Gefühl, Intellekt, Verstand und Emotion zusammenzubringen. Unsere ganze Kultur ist geschwächt durch diesen Versuch. Aber Liebe und Schönheit des Herzens gehören all dem nicht an. Liebe und Schönheit des Herzens erheben keinen Machtanspruch. Sie sind nicht Stückwerk und können deshalb auch nicht vom Verstand oder dem Gefühl zusammengestückelt werden.

Meditation könnte das Problem lösen. Aber dazu müsste man erkennen, was Meditation ist. Wir können uns ihr negativ nähern, indem wir darauf hinweisen, was sie nicht ist. Meditation ist *nicht* die Wiederholung eines Wortes (»Mantra«), *nicht* eine aufsteigende Vision, *nicht* das Schweigen, *nicht* die Gebetskette oder Gebetsmühle. Meditation bedeutet *nicht*, einer Theorie oder einem Dogma anzuhängen. Meditation hat kein Vorbild, kein Abbild, keinen Anfang und kein Ende. Meditation ist nicht das Gehen auf einem so genannten Weg, der zu irgendeiner eingebildeten »Glückseligkeit« führt. Das sind alles nur Wörter, die der denkende Verstand erfindet, um seine Leere zu vertuschen. Der Verstand ist erfinderisch. Und letzten Endes glaubt er an den Spuk, den er selbst geschaffen hat.

Wenn wir uns damit anfreunden könnten, dass da absolut *NICHTS* ist; und dass die Welt, in der wir leben, eine reine von Menschen gemachte ist; dann kämen wir vielleicht in die Seinsweise der Meditation.

Wann immer irgendetwas Trennendes da ist, ist *SIE nicht* da: Mein Glaube, dein Glaube; meine Moral, deine Moral; meine Vermutung, deine Vermutung; meine wissenschaftliche Theorie gegen deine wissenschaftliche Theorie. Der meditative Geist »hört«, »sieht«, beobachtet achtsam die Bewegung des Lebens in allen Facetten während des ganzen Tages und während der Nacht, ohne Stellungnahme, ohne Meinung, ohne Zu- oder Abneigung.

Meditation über Unaufrichtigkeit und Lüge

Selbstmitleid ist der undurchsichtige Hintergrund der Unaufrichtigkeit. Man muss kernig sein, *achtsam* gegen sich selbst. Achtsamkeit ist das gleiche wie: *sorgsam beobachten*.

Zu wissen, dass man unaufrichtig lebt und keine Rationalisierungen zu gebrauchen, sondern die Unaufrichtigkeit als Tatsache anzuerkennen, ist der Weg zu Wahrhaftigkeit und Ehrlichkeit. Unaufrichtigkeit und Lüge ist der Raum, der sich zwischen dir und der Schönheit des Waldes und des Meeres und der schmutzigen Stadt auftut, den die Gedanken im Kopf schaffen.

Nimm die Heide im Winter und im Sommer wahr. Schau auf die Bäume und den blauen Himmel. Schau auf die Landschaft ohne dass sich ein Wort dazwischen schiebt, dann weißt du, was es heißt, keinen Raum zwischen Beobachter und Beobachtetem zu haben.

Die Trennung, das ist Unaufrichtigkeit und Lüge. Zu schauen ohne ein gestriges Wort, ungestört durch irgendeinen Gedanken, wenn der Beobachter abwesend ist – dann ist Verstehen da, ein Gefühl des Nichts, in dem alle Trennung aufgehoben ist. Aber wir haben Angst vor diesem Nichts.

Aufrichtigkeit heißt klare Einsicht, die Dinge und Erscheinungen zu sehen, wie sie sind. Wenn wir die Dinge, die Erscheinungen nach einem Maßstab beurteilen, nach einem Prinzip, nach einer Theorie, dann gibt es Ideale, Erziehung, Moral und Streben.

Ohne ein Ideal zu leben aber bedeutet, dem ins Auge zu sehen, was unmittelbar geschieht. Und dann gibt es keine

Angst. Angst entsteht, wenn man versucht, sein Handeln einem Ideal anzupassen. Dann hat man Angst, das Ideal zu verfehlen. Wir haben Angst vor der Trennung zwischen dem, was ist und dem, was sein sollte.

Wenn man sagt, dass da Unaufrichtigkeit ist, dann meint man damit im Grunde, dass das, was gesagt oder gelesen wurde, neben dem steht, was tatsächlich ist. Wenn wir in einer unaufrichtigen Welt nach Erfolg trachten, dann müssen wir irgendwie lügen und unaufrichtig sein, wir müssen schmeicheln, hinterlistig und betrügerisch sein, um unser Ziel zu erreichen. Kann es Wahrhaftigkeit und Aufrichtigkeit in diesem Klima, das die Gesellschaft »Erziehung« nennt, geben?

Aufrichtig und ohne Lüge zu sein bedeutet, keine Illusion über sich und die Welt zu haben. Die Grundlage der Illusion ist der Vergleich. Aber das wahrhaft Gute ist nicht das Bessere. Aber die meisten Menschen verbringen ihr Leben damit, nach dem Besseren zu trachten: die bessere Kücheneinrichtung, das bessere Auto, der bessere Gott. Verbesserung aber ist keine Verwandlung. Und eben dieses ständige Verbessernwollen: unserer selbst, unserer materiellen Umgebung und der gesellschaftlichen Ethik und Moral, bringt die Unaufrichtigkeit und Lüge hervor, weil wir fortwährend am Ideal und dem Vergleich scheitern.

Warum können wir nicht einfach *SEIN* – unser Leben nicht auf Glaube, Einbildung, Projektion und Phantasie, Maßstab und Vergleich aufbauen?

Wir schauen ohne den Blick des Beobachters. Wir schauen ohne das festgelegte Wort und die festgelegte Bedeutung. Wir schauen ohne den Maßstab des gestrigen Tages. Die Trennung wird durch das Denken geschaffen. Leben beginnt, wo das Denken endet. Dann *ist* Meditation. Meditation ist Zeitlosigkeit, Nichts, Leere (Shunyata). Jedoch ist diese Leere angefüllt von ungeheurer Bedeutung. Wenn alle anderen Erfahrungen in die eine Erfahrung der völligen Leere eingehen, tritt Zeitlosigkeit ein.

Der gewöhnliche Mensch kann diesen Zustand nicht ertragen, er muss ihn mit ETWAS füllen. Kann man das Nichts ertragen, dann *ist* Meditation. Dann »sieht« man das, was tatsächlich »ist« und nicht seine eigenen Projektionen, Ab- und Zuneigungen, Phantasien und Illusionen. Wir sind wieder am Anfang. Selbstmitleid ist das Nichtertragenkönnen des Nichts, der Leere (Shunyata). Der sich selbst bemitleidende Mensch braucht »Sinn«.

Meditation über soziales Verhalten

Meditation ist das allumfassende Verstehen der Welt, der Menschen und ihrer Strukturen und Prozesse. Das Dasein hat, nach der Befriedigung der Grundbedürfnisse – die Mensch und Tier gemeinsam haben – wie Obdach, Kleidung, Nahrung, Sex, und den Vergnügungen und Zerstreuungen mit ihren großen Kümmernissen, wenig zu bieten.

Wenn man jedoch völlig *abgeschieden* ist, dann bekommt das Leben einen Sinn und die Schönheit der Erde, des Wassers, des Windes und der wunderbaren Wolken ist ewig.

Der Mensch muss aus seinem profanen Alltagsbewusstsein des dualistischen Denkens, der Urteile, des Wertens, erwachen, etwa so, wie er aus einem Traum erwachte. Ebenso wie der Träumer selbst seinen Traum erzeugt, so erzeugt das individuelle Bewusstsein und Unterbewusstsein die Gesamtheit der manifestierten Welt und die Gestalt der anderen Menschen.

Wir müssen die sozialen Theorien nicht kennen. Wir müssen auch keine heiligen Schriften lesen. Das alles ist unnötig für einen Menschen, der weiß, was in dieser Welt vor sich geht – und Augen hat zu sehen. Man muss nur die Menschheit anschauen, ihre endlosen Theorien und die Jahrtausende während Indoktrination, den Hass, die Missgunst, den Neid … Für einen Menschen, der das alles ganz grundlegend durchschaut, sind Worte und Symbole nicht Wahrheit und nicht wegweisend. Er ist ein radikaler Außenseiter. Man muss außerhalb aller Kultur, Überlieferung und gesellschaftlicher Moral stehen. Mit anderen Worten, man muss eine radikale innere Verwandlung durchmachen und vollkommen *abgeschieden* sein, dann kann man sich den zentralen Problemen der Kultur widmen: Den Themen über Gott und einem Leben nach dem Tod, staatlicher und gesellschaftlicher Macht und Autorität, den Visionen einer heilen Welt im Diesseits und überhaupt all der Hässlichkeit, die durch Erziehung und Sozialisation auf die Menschen gekommen ist.

Warum muss man überhaupt irgendeine Theorie, irgendeinen Glauben haben, um wahrhaft gut leben zu können? An das Geschwätz »großer« Wissenschaftler von »verborgenen Ordnungen des Lebens«, von der »Weltformel« und der »Holobewegung« … und ihrer Nachäffung durch die Massenmedien … löst das die alltäglichen Probleme? Löst das die Furcht der Menschen vor Alter, Krankheit und Tod und der völligen Bedeutungslosigkeit des alltäglichen Daseins?

Das, was wir sehen können, ist der kleinliche Ärger des alltäglichen Lebens, der uns auf Schritt und Tritt begleitet; die Gier, der Hass, der Wahn, der Ehrgeiz, der schon in kleine Kinder gepflanzt wird und dann nie mehr endet; und die Absurdität des Denkvorgangs, der diese destruktiven sozialen Strukturen und Prozesse in Gang hält.

In diese Strukturen und Prozesse einzudringen, sie zu verstehen, ist *Meditation*. Sehen und *verstehen*, dass diese Welt der Menschen eine schreckliche Realität ist, die sie selbst durch *Unwissenheit* immerfort neu schaffen – und Unwissenheit schützt nicht vor Strafe – . Das ist es, was verstanden und gesehen werden muss und nicht die Theorien, der Etikettenschwindel der zur Schau gestellten Religionen, politischen Veranstaltungen, so genannten Feste, Preisverleihungen, Wohltätigkeitsunaufrichtigkeiten usw.

Meditation ist Abgeschiedenheit von der ganzen Unaufrichtigkeit und Lüge und dem falschen Bewusstsein der Menschen in dieser Kultur, in der wir leben. Der meditative Mensch ist auf natürliche Weise ruhig. Er sieht das, was ist, von Augenblick zu Augenblick, ohne dass Begriffe dazwischentreten.

Er sieht, dass die Gesellschaft ein großes Gefängnis ist. Die Gesellschaft ist im Menschen wirksam und der Mensch in der Gesellschaft. Emsig schaufeln und hämmern die Gefangenen, damit die Mauern des Gefängnisses dicht bleiben. Wenn wir dieses Gefängnis von innen her und von außen negieren, können wir in die Lauterkeit der Meditation eintreten. Durch Negation ergibt sich der positive Zustand.

Es ist das Negieren, immer Neues erfahren und erleben zu wollen, das den positiven Zustand psychomentaler Reinheit und Abgeschiedenheit hervorbringt. Dieser Zustand wird nicht durch den Denkvorgang verursacht.
Gedanken sind niemals rein und abgeschieden. *Meditation* ist das Aufhören des Denkens. *Meditation* heißt, von Augenblick zu Augenblick leben, ohne hemmende Bindung an Tradition und Vergangenheit, ohne den Ballast

des so genannten Wissens, ohne Gewohnheiten und ohne Theorien vom Leben und von der Welt und ihrem Ursprung und ihrer Bestimmung leben.

Leben in Gemeinschaft

Die Menschen haben das Leben in der Gemeinschaft geschaffen, so wie es ist: Die Gewalt, die Hässlichkeit, die Destruktivität, die Verleugnung des wahrhaft Schönen und Guten und die vielen Meinungen darüber.

Das, was wir uns zutiefst in unserem Innern wünschen, ein intelligentes Dasein in großer Kraft und Schönheit, wird verschüttet durch Ehrgeiz, Eifersucht, Neid und Konkurrenzdenken. Durch die Anhimmelung der Konkurrenz, durch Manipulation und Konformismus haben wir die Verbindung zu anderen Menschen, zur Natur, zu den Blumen, zur Erde, zu den Vögeln unter dem Himmel verloren.

Es ist die Schuld der Gesellschaft, des Staates, der Kultur, in der wir leben, leben müssen, die uns erzogen hat, die uns so leicht gefangen nimmt. Es ist eine infame Gesellschaft, eine durch und durch korrupte und unmoralische Gesellschaft, die uns mit diesem *falschen Bewusstsein* geschaffen hat, das wir auch noch anbeten.
Eben diese Gesellschaft muss verwandelt werden. Aber sie kann nicht verwandelt werden, wenn die Menschen, die sie konstituieren, sich nicht selbst verwandeln, gleichsam eine Revolution ihres eigenen Bewusstseins und Verhaltens bewirken.

Da ist ein Paar. Jeden Morgen geht sie in ein Büro und er geht in ein Büro. Manchmal können sie sogar gemeinsam zur S-Bahn gehen. Neun bis elf Stunden sehen beide andere Menschen bei der Tätigkeit, die sie »Arbeit«

nennen, sie sehen nicht sich. Keiner von beiden kennt die Menschen, die der jeweils andere kennt. Morgens sehen sie sich eine Stunde, vielleicht. Abends sehen sie sich drei Stunden, vielleicht. Dann folgen sechs bis acht Stunden Schlaf. Manchmal vielleicht ein wenig Sex, vielleicht. Alles läuft ab wie automatisch. Ab und zu unterbrochen von einer Krankheit oder Zerstreuung oder sog. Vergnügen, von sog. Einkäufen.

Ist das Gemeinschaft? Ist der Mensch, dieses von Natur aus so begabte Lebewesen, zu solch einem Dahinvegetieren verdammt? Sind die Paare zu solch einem tristen Dasein verurteilt? Eine Existenz mit all diesen kleinlichen Frustrationen, Kümmernissen, Ängsten, Vergnügungen und Zerstreuungen?
Jeder ist eingeschlossen in seine kleine, närrische Welt der Reize und Reaktionen, wie ein Tier.
Sie kommen nach Hause. Beide sind verspannt vom Tag. Der Tag und das ewig Gleiche, Ehrgeiz, Frustration, Spannung, Reiz, Verachtung, das ewige Suchen nach Erfüllung und die Frustration dieser Suche, noch ein Drink vor dem Schlafengehen, einige freudlose Gespräche, die sich mühsam abgezwungen werden.
Diese ganze Hinnahme der gesellschaftlichen Schablonen, die Welt der Isolierungen und des Trübsals, dieses seichte Dahinvegetieren, mit den künstlichen und manipulierten Höhepunkten: Olympiade, Fußballweltmeisterschaften, Abfahrtslauf, Tour de France etc., Urlaub … Das nennen wir Gesellschaft?

Meditation befreit Herz, Geist und Gemüt von solch einer Lebensweise. Meditation führt den Menschen aus solch einer unehrlichen Existenz in ein Dasein der Redlichkeit und Harmonie. Redlichkeit ist ein fundamentales Wahrnehmen, Wahrnehmenwollen dessen, was tatsächlich ist, ohne Einschränkung und Beschränkung. Die unredlichen Sinne und der unredliche Verstand sehen die Welt immer manipuliert; gleichsam durch eine verfälschende »internale Repräsentation«. Meditation ist die schweigende, wahrnehmende Bewegung dieser Redlichkeit, ohne Analyse, Vergleiche, ohne eine Norm, ohne ein Prinzip. Sie sieht *das Ganze*, das mehr ist, als die Summe seiner Teile.

Der Einzelne und die Gesellschaft

Der Einzelne ist mit der Gesellschaft durch die Moral verbunden. Aber die Moral dieser Gesellschaft, in der es keine Liebe gibt, ist unmoralisch. Was soll – was kann der Einzelne nun machen? Er muss die herrschende Moral verneinen, dann ist er wahrhaft moralisch. Das heißt, er muss ein Außenseiter sein, dann hat das Leben noch einen Sinn.

Als guter Bürger in einer verrotteten Gesellschaft anerkannt zu werden, ist unmoralisch. Ansehen ist nützlich, sichert eine gute Stellung und ein festes Einkommen. Akzeptiert man die Moral des Neides, der Gier, des Hasses, des Vergleichens, dann ist man anerkannt.

Wenn man das alles jedoch völlig verneint, dann ist man allein – ein Einzelner, ein »Einziger«, man ist sich selbst sein Eigentum. Die ganze Heuchelei der Spießbürger hat ein Ende.

Wir müssen uns selbst in Besitz nehmen, dann hat die Hohlheit des Denkens ein Ende. Das Kummervolle des Daseins liegt in dieser Hohlheit, die wir mit allen erdenklichen Tricks des Geistes zu füllen versuchen. Jedoch bleiben die Hohlheit und die Einsamkeit. Der vereinsamte Einzelne bleibt isoliert in der Masse. Er kann sich noch so anstrengen. Wenn er die Tricks des Geistes nicht durchschaut, bleibt er im Trott des täglichen Stumpfsinns stecken.

Und dieses Elend vergeblichen Bemühens um »Sinn« zerstört ihn – körperlich und geistig-seelisch. Aber dieses Elend eines vergeudeten Lebens wird er wahrscheinlich nur im Augenblick des Endes gewahr werden – wenn es in der einen oder anderen Weise zu spät für Einsicht ist.

Aufgrund dieser Umstände werden Besitz, Status, Leistung, häusliche Pflichten, Vergnügungen und Zerstreuungen so wichtig. Und dieses ganze kummervolle Dasein vertreibt die Frische der Schönheit und Liebe des Lebens.

Die Gesellschaft hat auf alles eine Antwort, sie weiß immer … Aber alles so genannte Wissen liegt auf der falschen Seite. Ich sage, das Graben schafft Wissen. Das Graben schafft »Einsicht«, die nirgendwohin führt.
Die Einsicht des Einzelnen in sein unveräußerliches existentielles Eigentum führt in eine ganz andere Dimension. Er lässt die Anliegen der Masse ganz einfach fallen, sieht, dass er sich in schlechter Gesellschaft befindet und fängt vom anderen Ende ganz neu an. Er schweigt, und dann wird er finden.

Solange man fragt: »Wie soll ich vom anderen Ende aus beginnen?« stellt man die Frage noch von diesem Ende her. Warum fragen? Beginnen wir doch einfach am anderen Ende! Was würden wir denken, wenn uns einer diese Flausen von »Gott«, »Staat«, »Gewissen«, »Pflichten«, »Gesetzen« usw. austreiben würde, die uns Herz, Geist und Gemüt verrückt gemacht haben? Warum kehren wir nicht die Sache um und halten die Stimme des Gewissens, der Gesellschaft und »Gottes« für »Teufelswerk«? Warum gehen wir nicht in eine Richtung, von der wir nichts wissen und in die uns das kluge Denken nicht folgen kann?

Das kluge Denken haben die Spießer erfunden, um die Masse zu organisieren. Sie organisieren vom Verstand her und bewegen sich von einem Widerspruch zum nächsten und von einem neurotischen Zustand zum nächsten.

Aus solchen Zuständen kann kein meditatives Leben entstehen. *Meditation* ist die Verneinung dieser ganzen neurotischen und paranoiden Denkstruktur. *Meditation* ist die vollkommene Abwesenheit der Erinnerung: des Wertes, des Symbols.

Vereinsamung

Während die meisten Menschen sich aus ihrem Alleinseinsgefühl heraus vergesellschaften, spüren sie nicht, dass sie sich fortwährend im Widerspruch befinden. Sie »machen« gefühlvolle Veranstaltungen, aber verdrängen dabei den tief sitzenden Hass, Selbsthass, den Groll in ihrer Brust, den Ärger, den Zorn, die Wut, die alle keinen Ausdruck finden dürfen, jedoch Ursache aggressiven und destruktiven Verhaltens sind – auch aggressiv und destruktiv sich selbst gegenüber. Wenn uns die Doppelnatur des aus Organismus und Psyche bestehenden Menschen nicht bewusst wird, haben wir keine Chance, diesen inneren Krieg der Trennung zwischen Biostruktur und Psychostruktur – der auch den Krieg draußen aufrechterhält – zu beenden.

Die unerträgliche seelische Vereinsamung greift in den bewussten und unbewussten »*Leistungsfetischismus*« hinein. Und wenn man selbst keine Leistungen vollbringen kann, dann *identifiziert* man sich eben mit den Leistungen anderer: Dem *Schneller, Höher, Weiter, Besser, Mehr, Stärker*. Im Wahn mit dem Massenwahn verlieren wir gänzlich den Blick für unsere unveräußerliche Individualität, springen sofort an auf irgendwelche, chaotischen Nachrichten, anstatt zu warten und erst einmal die Dinge von allen Seiten betrachten zu lernen – *Moment mal …!*
Von den Mundwerksburschen und -mädchen in Politik und Massenmedien lassen wir uns verrückt machen und sehen den Wald vor lauter Bäumen nicht mehr.

Wir müssen dieser ganzen hässlichen Kultur, in der wir leben (müssen) absterben! Der politischen Nachrichtenüberfütterung und Manipulation, der Veranstaltungsseuche, dem Mitleidswahn, der Begegnungsindustrie, dem Sportfetischismus. Um herauszufinden, was der Tod ist, muss man schon zu Lebzeiten sterben, aber davor haben die Menschen Angst. Zu Lebzeiten sterben heißt, sich von den innersten, tief verwurzelten Hoffnungen, Wunschbildern, Verhaftungen zu lösen.

Die Welt sehen, wie sie tatsächlich ist, das ist Meditation. Die meisten Menschen sehen, wie sie tatsächlich sind: mickrig, erbärmlich, aber in einem Wahn von Größe und Überwertigkeit.

Meditation ist das Durchschauen all dieser Vorgänge, Einstellungen und Attitüden: Die krankhafte Besessenheit von dem Wunsch, anderen »wohlzutun«, selbst Menschen in den entlegensten Teilen der Welt. Das »Helfer-Syndrom«, geboren aus verdrängten Schuldgefühlen, ignorierter Undankbarkeit und der Ahnung um den eigenen, tief innewohnenden Neid. Oder das ganze Gebäude des Ressentiments; die subtilen Triumphe der Rache, wenn es der Dummheit, der Mittelmäßigkeit, der Masse der Schlechtweggekommenen gelingt, ihr eigenes psychologisches und psychomentales Elend als Elend überhaupt, den Wohlgeratenen und Gesunden ins Gewissen schieben, so dass diese sich eines Tages ihrer Gesundheit und Wohlgeratenheit zu schämen beginnen und sich sagen, es ist ein Makel, gesund, stark und wohlgeraten zu sein, angesichts des ungeheuren Elends auf dieser Welt. Und wenn ich mich schon nicht um das Elend kümmere, dann wenigstens um den CO_2-Ausstoß, um die Fäden in den Glühbirnen und um werdende Mütter …

Meditation ist die *Einsicht* in diese verkehrte Welt, in der die Gesunden, Starken, Glücklichen, Wohlgeratenen an ihrem Dasein zu zweifeln beginnen. Dieses Ressentiment ist die Massenmoral; und der Aufstand der Massen in der Moral beginnt, wenn das Ressentiment Werte hervorbringt.
Beim Ressentiment handelt es sich um eine seelische Selbstvergiftung, deren Ausgangspunkt ein hassvoller Vergeltungsimpuls ist, der die Welt der Spießbürger nagend durchsetzt – und zum Spießbürger wurden mittlerweile fast alle: vom so genannten Wissenschaftler bis zum Hilfsarbeiter und vom Politiker bis zum Leistungssportler und Pädagogen. Es handelt sich um eine Mischung aus Gefühlsregungen, die Hass, Bosheit, Missgunst, Neid, Scheelsucht und Hämischkeit enthält.

Vom Tage an, an dem Neid, Hass, Missgunst, Gier, Wahn, Zorn und Verblendung sich mit den Hüllen des Mitgefühls schmücken, wird – durch eine seltsame, unserer Zeit eigentümliche Verdrehung – von der Gesundheit, Kraft und Stärke verlangt, sich zu rechtfertigen.

Das Lebendige und der Tod

Der alte Mensch in uns muss sterben, um einem neuen Platz zu machen. Der alte Mensch hält in der einen Hand das Neue und in der anderen das Alte. So entsteht der unvermeidliche Konflikt. Sich, psychisch, von allem Bekannten zu lösen, von allem so genannten Wissen, ist der Tod.

Das Lebendige ist Lernen. Das Lebendige und das Lernen sind nicht von der Tat getrennt. Wenn beide getrennt sind, dann ist Lernen eine Idee und so genannte Ideale bestimmen das Handeln. Es entsteht ein Konflikt zwischen dem, was ist und dem, was sein soll(te) – dem Ideal.

Meditation ist die Auflösung dieses Konflikts. Lernen ist ein Tun, in dem es keinen Konflikt gibt. Man kann nicht lernen, ohne gleichzeitig zu tun. Man kann über sich selbst nichts lernen, wenn man nicht handelt.

Handeln aufgrund von Meinungen, Annahmen, spekulativen Absichten überzieht die Gegenwart mit den Nebeln der Vergangenheit: den Bildern, Symbolen, Überzeugungen. Aus diesem historischen Geschwätz, den Schablonen der Kultur, diesem ewigen Gezänk soll dann das Neue entstehen, die neue soziale Ordnung.
Aber Verwandlung ist nur möglich, wenn das Bekannte verneint wird. Das Tun wird dann nicht von einem Schema abgeleitet, sondern kommt aus einer Intelligenz, die sich ständig erneuert. Wahre Intelligenz ist das Sehen dessen, was tatsächlich ist. Um wahrhaft zu sehen, muss Schweigen sein. Das Alte muss aufhören. Das ist sterben.

Um in der Gegenwart zu leben, darf der Mensch nicht durch die Erinnerung an gestern oder die Hoffnung auf morgen gespalten werden: Er muss dem Morgen und dem Gestern, psychologisch, absterben.

Alles Lebendige liegt in der Gegenwart. Das Vergangene ist der Tod. Wenn aber die Gegenwart nicht ausreichend aktiv und lebendig ist, dann erfindet der Mensch die Zukunft, das Morgen. Aber das Morgen kommt niemals, weil morgen die Gegenwart ist.

Ständig den Sinn des Lebens zu suchen, ist einer der seltsamen Fluchtversuche des Menschen. Das Lebendige braucht keinen Sinn. Wie sollte man das Gegenwärtige suchen?!

In der raumlosen Fülle der Meditation ist alle Intensität der Sinne inbegriffen. Die Sinne müssen fein und in keiner Weise verdorben sein durch Denken, so genannte Disziplin und gesellschaftliche Moral, die eine Unmoral ist.

Meditation ist nicht das Wort und nicht das Denken und nicht Moral. Meditation ist der Tod des Alten. Meditation ist Anonymität, es gibt keine *Identifizierung*. Meditation ist Unschuld. Die moderne Gesellschaft verunglimpft Anonymität und Unschuld. Sie ist voyeuristisch und exhibitionistisch.

Liebe und Schönheit sind anonym. Und alles, was anonym ist, ist nicht gewalttätig. Gewalttätigkeit und Destruktivität brauchen »Öffentlichkeit«. Und die Absage an diese ganze verlogene Kultur wird zur Schönheit einer Handlung, die Liebe ist. Liebe ist wie ein Urwald, der sich immer selbst erneuert, weil er ständig stirbt.

Das Unbekannte

Der historische Buddha soll seine Lehre verglichen haben mit einem Floß, mit dem man über einen Fluss schwimmt, um das andere Ufer zu erreichen. Wenn man jedoch das andere Ufer erreicht hat, lässt man das Floß liegen, denn nun braucht man es nicht mehr.

Diese »Formel« suggeriert, dass es ein »anderes« Ufer gibt, das man erreichen kann – und erreichen muss. Aber ist das so? Gibt es ein fest umrissenes »anderes« Ufer, wohin uns die philosophisch-meditative Lebensform bringt? Oder ist das alles nur eine Metapher, um sich überhaupt auf »DEN WEG« zu machen? Um nicht faul und träge dahin zu leben und jedem blöden Reiz zu folgen, der sich von »innen« oder »außen« ergibt?

Was weiß denn einer überhaupt über »DEN WEG« – über den Weg des Daseins? Sog. Wissen ist nicht das »andere« Ufer, welches wir zu erreichen hoffen und wünschen. Wer meint zu wissen, hat sich bereits sein eigenes Grab geschaufelt.

Darum müssen wir dies alles fahren lassen – suchen, wissen wollen, analysieren … Das »andere« Ufer ist schweigen … Aber nicht (nur) das Schweigen der Worte! Das Schweigen der Sinne, das Schweigen der Gedanken, das Schweigen des inneren Dialogs, das Schweigen des Gesamtorganismus … Ist das möglich? Das ist eine ganz einfache Frage. Man muss es ausprobieren. Ich sage nur: Je mehr man sucht, gräbt, analysiert, hofft, wünscht, desto mehr ist da.

Also – was sollen wir tun?

Das Reich der Freiheit und der Liebe ist unbekannt. Wenn wir suchen und analysieren, treffen wir nur immer wieder auf das Bekannte. So müssen wir also all das, was wir kennen, *loslassen*!

Wenn wir das schaffen können, mit dem Unbekannten leben, *das* Unbekannte leben, dann *ist* unser Leben Freiheit, dann handeln wir in Freiheit, und genau das ist *Liebe*.

Liebe entfaltet sich nur im Lichte des Schweigens. Und dieses Licht leuchtet uns, wenn alle alten Denkbewegungen zur Ruhe kommen: Kein »Ufer« mehr, keine Indoktrinationen mehr – nur *Stille*, Abwesenheit jeglicher Beeinflussung.

Wenn man sagt, man geht irgendwohin, dann weiß man eigentlich schon, wohin man gehen will. Das ist also das Alte, Bekannte. Aber wir müssen zu dem »Ufer«, von dem wir *nichts* wissen. »Wissen« ist Ohnmacht! (Damit ist nicht das instrumentelle Wissen gemeint, jenes, das wir benötigen, um einzukaufen u. dergl.).

Das bekannte Wissen weiß nichts von Freiheit, von Liebe, sonst würde es nicht darüber nachsinnen, darüber schwätzen – diskutieren. Diskussion ist die absolute Verneinung von Freiheit und Liebe. Wenn man fragt: »Wie soll ich das anstellen?« Dann ist man noch am falschen »Ufer«. Man muss dort beginnen, von wo man nichts weiß; wo der raffinierte Verstand machtlos ist; von einer anderen Dimension, wo das rationalisierende Denken nicht mithalten kann.

Wenn wir von einem *widersprüchlichen*, *klügelnden*, *vernünftelnden*, *neurotischen* Geisteszustand aus meditieren,

dann projizieren wir unvermeidlich das, was ist, das Fal-
sche, in die Zukunft. Es ist so, als ob ein Kranker über
seine Krankheit meditiert: er verstärkt sie dadurch. Er
müsste über das Gesunde meditieren, über das, was er
nicht kennt – ohne Worte!

Das Wort ist ein Symbol, ein Zeichen für Wiedererkennen.
Meditation ist völlige Freiheit.

Achtsamkeitsmeditation

Ich habe mir so oft Gedanken gemacht, warum das Leben so schwer zu ertragen ist, selbst wenn wir alle materiellen Grundbedürfnisse befriedigen können. Warum ist für die meisten Menschen das Leben trotz »Wohlstand« so schwer zu ertragen?

Auch für diese Fragen wurden Theorien erfunden. Eine besagt, dass dem Menschen der »*Sinn des Lebens*« abhanden gekommen sei.

Dies zuerst: Nach dem Sinn des Lebens zu fragen oder zu suchen ist blöd. Das Leben *ist* einfach. Wir brauchen nichts dazu zu tun. Wir haben die Verantwortung für uns selbst. Es soll uns körperlich und psychisch gut gehen. Wir sollen nach Möglichkeit gesund sein. Nicht um irgendwelche *außer uns* liegenden Ziele und Leistungen zu erreichen oder zu erfüllen.

Ich habe mich oft selbst gefragt, was ich denn tun muss, tun kann, um ein wahrhaft gutes, schönes Dasein zu führen, ohne der Schimäre eines Sinns nachzujagen.

Die Antwort, die ich fand, war: *ACHTSAMKEIT*, einfach Achtsamkeit.

Der historische Buddha empfahl seinen Schülern als wichtigste Übung Achtsamkeit, insbesondere Achtsamkeit mit dem Atem. Und wir atmen bis zum letzten Augenblick unseres Lebens. So ist Atmung und Achtsamkeit also ein lebenslanger Weg. Nur – er führt nirgendwohin, »nur« zu uns selbst, zu unserem SELBST. Der Weg der Achtsamkeit ist immer da, für jeden erreichbar.

Wir sollen darauf achten, wie alles miteinander verbunden ist: Gesundheit, Missbrauch, Stress, Schmerz, Krankheit, Wohlwollen; wir müssen nach dem alles verbindenden Muster fragen, nach dem sich unser Dasein – bewusst oder unbewusst – richtet. Wir müssen die physischen und psychischen Verlaufslinien erkennen, denen unsere Existenz folgt.

Wir müssen *einsichtig* werden – durch Achtsamkeit. Achtsamkeit ist eine Lebensphilosophie, d.h. ein Weg unseres Daseins, den wir jeden Moment im Leben gehen müssen und den kein anderer für uns gehen kann.

Wie oft tun wir Dinge im so genannten Wachzustand und wissen kurze Zeit danach nicht mehr, dass wir sie getan haben, wie wir sie getan haben und oft unterlaufen uns deshalb Fehler. Den Weg der Achtsamkeit gehen bedeutet, *ganz* wach zu sein, anstatt halbwach vor uns her zu dröhnen, »automatisch« zu reagieren. Sehr viel Elend und Leid entsteht durch diesen halbwachen Daseinszustand. Wir haben nur dieses eine Leben. Warum gehen wir so »geistesabwesend« damit um? Jede Sekunde, ja! Bruchteil einer Sekunde, sollten wir wach sein. Selbst Verwirrung, Krankheit und Schmerz bergen Kreativität. Man kann mit ihnen arbeiten, wenn man bereit ist, von Augenblick zu Augenblick achtsam zu sein.

Meditation ist nicht Entspannung – mit anderen Mitteln. Meditation *ist* Achtsamkeit. Nämlich jeden Augenblick bereit sein – fürs Leben bereit sein, sein Dasein zu betrachten, ob das nun gerade rühmlich ist oder nicht. Unsere inneren Spannungen, Abneigungen und Zuneigungen, das Erfreuliche und das Unerfreuliche.

Wichtig bei der Meditation über den Weg der Achtsamkeit ist die Einsicht, dass wir dem Leben nichts hinzufügen müssen, es genügt, einfach zu *sein*. Wir müssen nicht ständig herumrennen, tun, wichtigtun, kämpfen, uns hervortun, um uns und anderen unsere Identität zu beweisen.

Jeder Zeitpunkt ist der richtige, um diese Einsicht zu praktizieren. In der YOGA-Tradition beginnt das Leben, wenn man mit dieser Praxis begonnen hat. Man kann jeden Tag und immer wieder *ganz neu anfangen*, sich zu befreien von allen inneren und äußeren Leiden und Wirren des gewöhnlichen Daseins. Auf dem Weg der Achtsamkeit lernen wir, auf neue, bewusste Art mit Körper, Geist und Seele umzugehen. Wir selbst sind das Forschungslaboratorium. Wir sind Forscher und Forschungsobjekt zugleich. Wenn wir nur ganz achtsam sind, dann ist das eine lebenslange abenteuerliche Forschungsreise an die Grenzen von Körper und Bewusstsein und lässt uns viele gewöhnliche Hindernisse, die andere Menschen binden, überwinden.

Obwohl wir in unserer Kultur das Tun so überbewerten, haben wir nicht gelernt, dabei *achtsam* zu sein. So stolpern wir von einem Tun ins andere. Für gewöhnliche Menschen grenzt es schon an »Geistesgestörtheit«, innezuhalten und zu fragen, was man da eigentlich tut und warum und was da überhaupt vor sich geht.

Die Achtsamkeitsmeditation ist vom Leben also nicht getrennt. Sie will uns den Weg weisen zu einem *wahrhaft guten Leben*. So leben – und so meditieren sind eins. Und wenn einer so lebt und so meditiert, dann sieht er den wahren Zustand der Menschenwelt – und gelangt über sie hinaus: sub specie aeternitatis.

Meine kleine Körperphilosophie

Essen ist wichtig. Gesund und vernünftig essen. Und gehen in frischer Luft und weiter Landschaft ist gut für Körper, Geist und Seele. Und alles, was psychosomatisch gut ist, das lehre ich. Witz und schöpferische Intelligenz (die nichts mit IQ zu tun hat) und Körperbeherrschung: Lächeln, Ruhe, Atmung, Geschmeidigkeit. Das scheint mir T'ai Chi, Chi Kung und Hatha Yoga zu fördern.

Sinn meines Lebens ist, Meister der »Körperökologie« und somato-psychischen Körperbeherrschung zu sein. Daran an schließt sich die Meisterschaft der *Lebenskunst* und *Lebensweisheit*.

Der Körper ist dazu das wichtigste Instrument. Krishnamurti sagte uns einmal folgende Sentenz:

> Der Körper ist dein Pferd,
> auf dem du reiten kannst,
> um dorthin zu kommen,
> wohin du trachtest.
>
> Gehe gut mit ihm um,
> nähre ihn genügend,
> sorge für ihn
> und halte ihn rein,
> weil seine Instinkte
> dein Leben sichern.

Doch beherrsche ihn stets
und lass dich nicht
von ihm beherrschen.

Was sind wir noch, wenn wir krank sind? Wir mögen
noch so viele »religiöse« Täuschungen entwickeln. Als
Kranke sind wir für uns selbst und andere unnütz, ja
– lästig. Ein gutes Mittel gegen Krankheit ist »Martial
Art«, Kampfkunst, in jeglicher Form, aber eben als Kunst
betrieben: T'ai Chi, Chi Kung etc. Martial Art wird auf
sanfte Weise betrieben, ohne militärischen Druck. Lächeln
ist erwünscht.

Ein wesentlicher Punkt meiner sowie auch Seo Yoon-
Nams Praxis-Philosophie ist »*günstig*«: Alles muss günstig sein, einfach. *Einfachheit* und *Bescheidenheit* sind
wichtig – »*asketisch*«, wobei das Wort »Askese« im alten
Griechischen »*Einübung*« in eine – in meinem Fall, in
diese – philosophische Lebenshaltung bedeutet.

Das Ganze kann nicht stimmen, wenn der kleine Teil nicht
stimmt. Diese Weisheit (sophia) wird in der modernen
Kultur völlig missachtet. »*Freizeit*« ist für den Adepten
meiner Lehre ein Fremdwort. Langeweile gibt es nicht.
»Vergnügungen« und »Zerstreuungen« gibt es nur in der
Hinsicht, dass sie *Ein-Sicht* und *Selbst-Erkenntnis* (»gno-
thi se authon« = erkenne dich selbst) befördern.

Sollte ein »Freiraum« entstehen: Gesundheits-, Philoso-
phie-, Körperpsychologie- und Lebenskunstbücher studieren. Keine Einladungen annehmen. Auch nicht von
sog. Freunden, Bekannten und Verwandten. Schnell sind

Geist und Gefühl verwirrt, wie Pascal in seinen »Pensées« sagt:

»Wie man sich den Geist verdirbt, so verdirbt man sich auch das Gefühl. Man formt sich den Geist und das Gefühl durch die Unterhaltungen. Man verdirbt sich den Geist und das Gefühl durch die Unterhaltungen«.

(Und ich möchte hinzufügen: Auch Trivialliteratur, Fernsehen und dergl. sind solche »Unterhaltungen«, WEA)

»So formen oder verderben uns die guten oder schlechten Unterhaltungen. Es ist also über alles wichtig, dass man recht zu wählen verstehe, um sich den Geist zu formen und nicht zu verderben. Aber man kann diese Wahl nicht treffen, wenn man ihn nicht bereits geformt und nicht verdorben hat. Das bildet also einen Zirkel, und glücklich ist, wer aus ihm herauskommt.« (548)

Auch das Wochenende sollte man für sich behalten: Keine Bundesliga, kein Marathon, kein … Wir sollten uns einen Tages-, Wochen-, Monats-, Jahres- und Lebensplan entwickeln und diesen dann nicht mehr für Banalitäten und Trivialitäten ändern. Auch nicht am »Wochenende«. Und alles, was nicht zum eigenen Lebensplan, zur eigenen Lebensphilosophie passt, die man selbstverständlich mit Gleichgesinnten abstimmen kann, ist zu eliminieren.

Wichtig sind auch der Beginn und der Abschluss des Tages. Man sollte früh beginnen, ca. zwischen 5 und 6 Uhr, und früh schließen, ca. zwischen 21:30 und 22:30 Uhr. Jeden Morgen also früh aufstehen und Körperübungen machen.

Und daran denken: *Wir können immer wieder schlagartig neu beginnen*.

Unser Ziel ist: keine Krankheit für den Rest des Lebens. Die Rente ist nicht Geld, sondern Gesundheit.

Anmut ist eine wichtige Angelegenheit, aber auch körperliche und geistig-seelische Fitness.

Und dann kommt der *Atem*. Der Atem ist die Quelle des Lebens. Atmen wir, als ob wir die ganze Welt einsaugen wollten. Und wir atmen *nur* mit der Nase (der Mund ist zum essen und küssen, die Nase zum riechen und atmen). *Kein Kompromiss*!

Schlechte Laune kommt von falscher Atmung. Man sollte immer tief durch die Nase in den Bauch atmen und sich vorstellen, als ob man den ganzen Körper, von den Zehenspitzen bis in die Haarspitzen mit Chi fülle. Und dann kommt die *Ausatmung*, das ist ganz wichtig. Wir sollten ausatmen, bis dass wir glauben, die Bauchdecke klebe an der Wirbelsäule.

Wir sollten immer *bewusst* atmen. Schade, dass sich so wenige Menschen bewusst machen, wie *schön* atmen sein kann.

Überhaupt lassen die meisten Menschen die Instinktnatur ihres Körpers außer Acht. Der Körper wird als etwas betrachtet, was irgendwie mitgeschleift werden muss. Dass *ER* das Haus unseres Daseins ist, wird kaum gesehen.

Eudämonie (Seelisches Wohlbefinden)

Der Mensch ist das permanent unter Entscheidungsdruck stehende Tier. Um diesen Druck, der die Lebenslust verringert, abzuschwächen, muss der Mensch sich schnell entscheiden. Aber nicht jede Entscheidung ist eine gute Entscheidung.

Um wahrhaft gute Entscheidungen – für sich! – treffen zu können, muss der Mensch *Lebenskunst* lernen. Darin lernt er etwa, sich für einen Lebensweg, für ein Lebensziel zu entscheiden und das dann bedingungslos zu verfolgen, ohne Wenn und Aber. D.h. er plant seinen Tag, seine Woche, seinen Monat, sein Jahr, sein Leben … Und lässt sich nicht durch kleinliche, kindische Imponderabilien in seinen Entscheidungen beirren! Beispiel: er sagt sich, ich stehe des Morgens um 5:30 Uhr auf. Um ausgeschlafen zu sein, weiß er, dass er um 22:00 Uhr, 22:30 Uhr zu Bett gehen muss. Nun kommen am Abend unverhofft Verwandte zu Besuch und wollen sogar über Nacht bleiben. Was macht der Eudämonist? Er sagt: Nun gut. Aber ich gehe um halb elf ins Bett und stehe um halb sechs auf. Und zieht bedingungslos seinen Tagesplan durch.

Wir überlegen uns also ganz vernünftig, wie wir unseren Tag, unser Leben gestalten wollen. Die Gestaltungsfähigkeit lernen wir gemeinsam mit einem Weisen und / oder Philosophen, der auf dem Weg der Lebenskunst fortgeschritten ist, in der Disziplin der *philosophisch-meditativen Lebensweise*, in der wir davon ausgehen, dass *Lebenskunst lehr- und lernbar ist*.

Noch einmal: Wichtig ist, den *täglichen Entscheidungs-druck* weitestgehend abzubauen, durch eine vorhergehende *weise Tages- und Lebensplanung.* Wenn einer zu der *Einsicht* gelangt ist, dass dies oder jenes die rechte Planung, die rechte Zielvorstellung ist, dann lässt er sich durch nichts mehr – aber auch durch gar nichts mehr! – von seinem Vorhaben abbringen: *Alter, Krankheit und Tod* – ausgenommen.

Weil viele Menschen diesen Entscheidungsdruck nicht aushalten, gleichwohl im alltäglichen Leben Entscheidungen treffen *müssen*, aber nicht geplant haben, *bewusst pragmatisch-sinnvoll* zu entscheiden, entscheiden sie gemäß der *schnell aufgeregten Sinne*, der Konformität und dem Opportunismus, die wiederum von den *fünf Säulen der Menschheitsverdummung*: 1. Industrie – Technologie – Wirtschaft, 2. Werbung, 3. Massenmedien, 4. Politik. 5. Religion, gelenkt werden.

Aber »*die Welt*« dort draußen sollte uns erst einmal gar nicht so sehr interessieren. Uns sollte unsere kleine, ureigene Welt: innen und außen, interessieren; nicht nur interessieren, sondern *leidenschaftlich* interessieren: wie funktioniere ich, was bekommt mir am besten, was oder wen muss ich meiden, was oder wen muss ich suchen, was muss ich tun, um ein wahrhaft gutes, erquickendes, beglückendes Leben zu leben?